Paso a paso

La historia de la miel

Todo comienza con una flor

Robin Nelson

ediciones Lerner ◆ Mineápolis

ediciones Lerner
Una división de Lerner Publishing Group, Inc.
241 First Avenue North
Mineápolis, MN 55401, EE. UU.

Si desea averiguar acerca de niveles de lectura y para obtener más información, favor consultar este título en www.lernerbooks.com.

Créditos de las imágenes: ktaylorg/iStock/Getty Images, p. 3; Flower_Garden/Shutterstock.com, p. 5; LasART/iStock/Getty Images, pp. 7, 23 (abeja); ajma_pl/iStock/Getty Images, pp. 9, 23 (néctar); Thomas Uhlemann/EyeEm/Getty Images, p. 11; weter78/Shutterstock.com, p. 13; Kosolovskyy/iStock/Getty Images, pp. 15, 23 (apicultor) (panal); Peter Muller/Cultura/Getty Images, p. 17; Hachi888/Shutterstock.com, p. 19; RobertoDavid/iStock/Getty Images, p. 21; IPGGutenbergUKLtd/iStock/Getty Images, p. 22. Portada Dennis Lane/Getty Images (miel); LightShaper/iStock/Getty Images (abeja).

Fuente del texto del cuerpo principal: Mikado Medium.
Fuente proporcionada por HVD Fonts.

Library of Congress Cataloging-in-Publication Data

Names: Nelson, Robin, 1971- author.
Title: La historia de la miel : todo comienza con una flor / Robin Nelson.
Other titles: Story of honey. Spanish
Description: Minneapolis : ediciones Lerner, [2022] | Series: Paso a paso | Includes bibliographical references and index. | Audience: Ages 4–8 | Audience: Grades K–1 | Summary: "Honey is delicious, but it takes a lot of work to make! From a flower to a grocery store shelf, discover all the steps in the process of making honey. Now in Spanish!"– Provided by publisher.
Identifiers: LCCN 2021020552 (print) | LCCN 2021020553 (ebook) | ISBN 9781728441948 (library binding) | ISBN 9781728447803 (paperback) | ISBN 9781728444024 (ebook)
Subjects: LCSH: Honey—Juvenile literature. | Honeybee—Juvenile literature. | Bee culture—Juvenile literature.
Classification: LCC SF539 .N4518 2022 (print) | LCC SF539 (ebook) | DDC 638/.1—dc23

LC record available at https://lccn.loc.gov/2021020552
LC ebook record available at https://lccn.loc.gov/2021020553

Fabricado en los Estados Unidos de América
1-49949-49792-6/14/2021

La miel es un dulce delicioso.

¿Cómo se hace?

Las flores se abren.

Una abeja vuela
hacia las flores.

La abeja bebe néctar.

Las abejas vuelan
a su hogar.

Las abejas almacenan el néctar.

Una apicultora toma el panal.

La apicultora
extrae la miel.

La apicultora coloca la miel en frascos.

La miel se envía
a las tiendas.

¡Hora de comer!

Glosario con imágenes

abeja

apicultora

néctar

panal

Otros títulos

Hansen, Grace. *How is Honey Made?* Minneapolis: Abdo, 2019.

Ridley, Sarah. *Bee to Honey*. New York: Crabtree, 2018.

Taus-Bolstad, Stacy. *The Story of an Apple: It Starts with a Seed*. Minneapolis: Lerner Publications, 2021.

Índice